Yf 10/89

APOLOGIE
DE MONSIEUR
DE VOLTAIRE
ADRESSÉE
A LUI MÊME.

APOLOGIE
DE MONSIEUR
DE VOLTAIRE
ADRESSÉE A LUI-MÊME.

PErmettez-moi de vous féliciter, Monsieur, sur la nouvelle Edition de votre Poëme de Henri le Grand. Un ouvrage enlevé rapidement & destiné presque en naissant à une prompte réimpression, doit bien flatter son Auteur ; c'est un éloge public & comme unanime, qui désarme la critique. Cette nouvelle Edition l'emporte sur la prémiere par quelques additions qui se trouvent dans le Poëme, mais principalement par le recüeil de vos Poësies dont il est accompagné. Quel avantage pour le Public, si vous lui aviez fait présent de tous vos autres écrits en vers & en prose ! C'est ce que vous ne lui refuserez pas un jour. Il se flatte surtout que vous n'omettrez pas dans le recüeil de vos œuvres, la *Lettre* à M. de Breteüil, où l'on trouve l'Histoire intéressante de votre petite Verole, & le Journal agréable de votre maladie. Vous suivrez sans doute l'exemple de l'illustre Auteur d'*Inés de Castro*, qui sans blesser *le respect des convenances*, donne volontiers au Public tout ce qui sort de lui.

Sçavez-vous, Monsieur, que le Public commence à ne plus murmurer contre les deux Edi-

A 2

tions précoces & furtives de votre Poëme, & qu'il approuve votre procedé à son égard, dans l'esperance que cette petite supercherie pécunieuse tournera un jour à son avantage, comme elle tourne à present au vôtre. Il y a néanmoins toûjours des personnes mal intentionnées qui prennent la chose au criminel, & vous traitent impitoyablement de Stellionnataire. Elles disent que vous vendez plusieurs fois la même chose. Ce reproche est, ou trop sérieux, ou trop badin. C'est pour notre interêt, bien plus que pour le vôtre, que vous en avez usé ainsi. Vous mettez le Public en état d'être un jour satisfait entierement, en lui donnant lieu de vous témoigner qu'il ne l'est pas entierement aujourd'hui, vous ouvrez un champ libre à la critique, pour en profiter. Vous n'êtes point de ces Auteurs vains, qui ne se produisent au jour qu'après avoir passé plusieurs années à se parer. Vous vous montrez librement dans un air négligé. C'est votre méthode de faire le Public Juge de vos ébauches.

J'entens dire par tout qu'il n'y a point d'interêt dans votre Poëme, si ce n'est celui qu'on prend à la matiere qui y est traitée, laquelle dans la forme historique est interessante par elle-même. On voudroit dans votre Ouvrage un interêt d'art & de genie, & un certain enchaînement de faits & d'évenemens qui frappe l'esprit, le suspend, l'attache, & le fait tout ensemble craindre & esperer pour le Heros. Le vôtre, ajoute-t-on, ne fait presque rien. Il va en Angleterre, & en revient. Il gagne la bataille d'Ivry, il fait des songes, il fait l'amour, il presse la Ville de Paris, il abjure l'héresie, & entre enfin triomphant dans cette Capitale. Voilà, dit-on, toutes les actions d'Henri IV. dans le Poëme, où il est bien moins grand qu'il ne l'est dans l'histoire de M. de Perefix. Le Poëte ne lui fait courir aucun danger; on ne craint jamais pour lui; il est toujours heureux, toujours triomphant, & on sçait d'avance qu'il le doit toujours être. Rien n'illustre davantage un Heros que les traverses & les disgraces de la Fortune, & personne n'en a peut-être tant éprouvé que Henri IV. Pourquoi M. de Voltaire a-t'il supprimé ce qui fait tant d'honneur à ce Heros?

Ce n'est point ainsi, ajoute-t'on, que Virgile a peint Enée. Sa flote est batuë par la tempête; il arrive à Carthage; il est obligé de quitter une jeune Princesse qu'il aime, & dont il est aimé; il est encore traversé par les Dieux. A son arrivée en Italie il a mille ennemis à combattre; il est dans des périls continuels, & on croit presque à chaque instant que lui & les Troyens vont succomber. Cependant il triomphe à la fin de tous les dangers. Voilà, s'écrie-t'on, un Poëme intéressant. Tel est aussi le Poëme de l'Iliade, où les Grecs sont tantôt vainqueurs & tantôt vaincus, & où Achille éprouve les plus tristes revers; telle est l'Odissée, & telles sont les avantures de Télémaque: Poëme excellent en prose. Pourquoi M. de Voltaire n'a-t'il pas représenté Henri obligé de lever le siege de Paris par l'arrivée des troupes du Duc de Parme? Un Heros ne peut-il pas quelquefois ceder glorieusement? M. de Turenne se faisoit autant d'honneur de dire, Je fuyois, que de dire, Je vainquis. Le Duc de Parme n'auroit point alors paru trop grand, ni Henri trop petit, comme M. de Voltaire le dit dans ses remarques. Car puisque, malgré la grandeur du Duc de Parme, Henri n'auroit pas laissé de dompter la Ligue, n'est-il pas clair que Henri auroit encore paru plus grand que le General Espagnol.

Voilà, Monsieur, comme vous voyez, un

raisonnement assez frivole. Henri voyage, se bat, dort, fait l'amour, se rend Catholique & prend Paris. N'y a-t-il pas là assez d'action pour un Poëme ? Si c'est peu de chose que cela, je trouve qu'il a fallu bien de l'esprit pour l'étendre, & pour en composer un Poëme Epique. N'est-ce pas la simplicité du sujet qui fait la beauté d'un ouvrage ? Ce qu'il y a d'admirable à mon gré dans votre Poëme, c'est que votre Heros y dort long-tems, & qu'il se passe de très belles choses, quand il dort. Jamais on n'a fait de si beaux rêves. S. Loüis apparoît à Henri ; & d'abord Henri voit le lieu d'où sortent les ames qui doivent animer les corps ; ce qui est pour lui une révelation du dogme de la préexistence des ames. Dogme qui n'avoit pas encore été bien prouvé, & qui ne l'a pas été mieux depuis. Il voit le Paradis & l'Enfer dans le même globe ; il trouve dans le Paradis tous ceux qu'il lui est agréable d'y voir, & plusieurs qu'il ne croyoit peut-être pas là. Ensuite le Temple des Destins lui est ouvert, & il y découvre ce qui doit arriver un jour à sa race ; il y apperçoit Condé, Turenne, Villars & Descartes. Un autre que Henri n'en auroit pas été plus sçavant, & n'eût pas manqué à son réveil de traiter de chimeres toutes ces visions nocturnes ; il n'auroit fait aucun fond sur ce qu'il auroit appris en dormant. Mais Henri est dans votre Poëme un homme extraordinaire qui ne rêve pas comme les autres hommes.

Je trouve néanmoins certaines choses peu sensées dans son rêve ; & c'est en cela que le rêve me paroît plus beau. Ce désordre est un effet de votre jugement. Car enfin il n'est pas naturel que les songes soient si reguliers. J'admire donc plusieurs endroits du songe de Henri, par cette raison seule que c'est un pur songe, & qu'il ne doit pas y avoir dans un songe une certaine suite de bon sens. S. Loüis par exemple fait voir à Henri le séjour des ames criminelles, c'est-à-dire les Enfers où résident tous les vices, qui sont autant de monstres.

>   Des Mortels corrompus ces Tyrans effrenés
>   A l'aspect de Henri paroissent consternés.
>   Ils ne l'ont jamais vû ....

Ces monstres sont *consternez* à la vûe de Henri ; ils s'étonnent de ne ne l'avoir jamais vû. Si vous séparez de cette circonstance l'idée que c'est un songe, cette circonstance est ridicule. Les monstres ne devoient-ils pas faire le même honneur à S. Loüis qui étoit le conducteur de Henri, & paroître *consternez à son aspect* ? Eh quoi, auroient-ils fait autrefois par hazard connoissance avec le Saint ? Henri n'étoit pas assûrément plus vertueux que S. Loüis. Mais c'est un songe ; voilà la réponse à cette objection aussi-bien qu'à celle qui suit.

On trouve à redire que S. Loüis entretienne Henri de mille choses profanes dont il n'est point du tout édifiant qu'un Saint s'entretienne. Il devoit parler à Henri, dit-on, de ce qui pouvoit regarder son salut, & surtout lui montrer la fausseté de la Religion Protestante qu'il avoit embrassée ; il devoit lui apprendre à vivre en Chrétien, à dompter ses passions, à aimer son peuple, quand il seroit tranquille possesseur de ses Etats, & à cultiver les vertus qui font les grands Rois. Au lieu de cela il lui parle de guerre, de beaux arts, de Philosophie, de Poësie, & ne lui parle point de Religion. Voilà en verité de beaux discours pour un Saint. Bien plus, dans cette seconde Edition, S. Loüis qui étoit la bonté même, & qui n'a jamais blessé en rien la charité fraternelle, S. Loüis est un satyrique & un médisant; il parle mal de Pradon, de M. de la Motte & même de Perrault,

> En dépit des Pradons, des Perraults, des Houdarts
> On verra le bon goût fleurir de toutes parts.

D'ailleurs, ajoûte-t'on, S. Loüis est le Patron de l'Académie Françoise; lui sied-il de ménager si peu ses chers Académiciens? Devoit-il rabaisser un Poëte religieux qui a fait un saint usage de son rare talent, & a mis en Vers les *Heures de Paris* qu'il donnera bientôt aux Fidéles? Ce titre seul ne devoit-il pas porter S. Loüis à lui faire grace? M. de Voltaire ignore-t'il qu'un des plus beaux Statuts de l'Académie, pour mettre ses Membres à couvert de toute censure, est l'exclusion qu'elle donne à ceux qui pourroient y briguer une place, dès qu'ils ont publié quelque écrit, ou composé la plus légere Epigramme contre un Académicien? S. Loüis Patron de l'Académie & conservateur de ses Privileges, viole ici ouvertement une loi si judicieuse, & par son exemple nous apprend à nous mocquer de la loi & des Législateurs. M. de Voltaire se fait à lui-même un tort réel. C'est à lui qu'on s'en prendra de la médisance qu'il met dans la bouche de S. Loüis; le voilà donc réduit à être simplement un très grand genie, un fort grand Poëte, & à être estimé de toute l'Europe, sans être Académicien.

A tout cela, Monsieur, je répons encore une fois que c'est un songe dont il s'agit, & qu'il est de l'essence du songe d'être déréglé. Seroit-il possible que l'Académie Françoise, qui est d'ailleurs si indulgente, donnât pour si peu de chose l'exclusion à un Poëte illustre? Je n'en crois rien. Elle

Elle est trop attentive aux moyens de recouvrer son ancien lustre. Elle fera sans doute pour vous ce qu'elle a fait autrefois pour M. Despréaux qu'elle reçut dans son sein *en dépit des Perraults, des Cotins, des Quinaults*, contre qui il avoit écrit comme vous avez écrit contre M. de la Motte.

On réplique que le déreglement du songe n'a point ici de lieu, que le songe de votre Poëme est un songe envoyé de Dieu, & que dans un songe poëtique tout doit être sensé, autrement la fiction d'un songe pourroit être un tissu de bisarreries & d'extravagances, & il seroit permis au Poëte de rêver lui-même, en faisant rêver ses personnages. Cette raison ne m'ébranle point ; & je soutiens toûjours que vous avez bien fait de mêler dans ce songe de Henri plusieurs choses contraires au bon sens. Cela fait honneur au vôtre.

Ce n'est pas seulement le sommeil de Henri qui fournit des beautez à votre Poëme ; il ne seroit pas juste qu'il n'y eût que lui seul à dormir. Jacques Clément dort aussi, & un monstre lui apparoît alors sous la figure du Duc de Guise.

> Un monstre en ce moment sort du sein des ténebres,
> Monstre qui de l'abîme & de ses noirs Démons
> Réunit dans son sein la rage & les poisons.
> Cet enfant de la nuit fécond en artifices
> Sçait ternir les vertus, sçait *embellir* les vices ;
> Sçait donner par l'éclat de ses pinceaux trompeurs
> Aux forfaits les plus grands les plus *belles* couleurs.
> C'est lui qui sous la cendre, & couvert du cilice,
> Saintement aux mortels enseigne l'injustice.
> Toûjours il revêtoit dans ses déguisemens
> Des Ministres des Cieux les sacrez ornemens.

Il est vrai qu'on ne devine pas aisément comment s'appelle ce monstre ; mais qu'importe ? Il ne s'agit pas de sçavoir son nom ; c'est toûjours un monstre sous la forme du Duc de Guise qui

B

exhorte le Moine dormant à assassiner Henri III.
Il lui met en main le poignard dont il le doit
frapper. Que ce songe est merveilleux ! Il faut
avouer qu'il n'y en eût jamais de semblables. Le
Moine se réveille, & il trouve dans ses mains le
même poignard qu'il avoit vû en songe.

Il baise avec respect ce funeste present,
Il implore à genoux le bras du Tout-puissant.

Quelques gens trouvent en cet endroit deux
poignards. Mais ils se trompent, c'est le poignard
imaginaire du sommeil de Clément, qui est devenu poignard réel à son réveil. J'entens cela sans
que vous l'aiez dit. Voilà ce qui s'apelle une
fiction ingénieuse, que peu de personnes sont
en état de comprendre.

Je suis charmé des Amours de Henri IV. &
de Gabrielle d'Etrées. Rien n'y languit. A peine
Gabrielle voit-elle Henri, qu'elle lui accorde
sans beaucoup de façon les dernieres faveurs. Cet
agréable endroit de votre Poëme me dégoute
de tout ce que j'ai lû en ce genre. Je ne puis plus
souffrir les Amours d'Enée & de Didon, ni celles
de Télémaque & d'Eucharis, où tous les replis
du cœur, & où tous les combats de la vertu &
de la passion sont exposez avec trop de délicatesse & d'art. A quoi bon sur ces choses, tenir
l'esprit en suspens, dans l'attente d'un dénoüement très ordinaire ; le mieux est d'abréger & d'en
venir au fait. D'ailleurs vous avez écrit pour notre
siécle, où l'amour méthodique n'est plus gueres à
la mode. Certains critiques disent, il est vrai
que les Amours de Henri & de Gabrielle sont ce
qu'on appelle vulgairement des amours du Pontneuf. Je le nie ; & je soutiens que ce sont les amours de la Cour, de la Ville & de la Province.
D'ailleurs les vers que vous avez ajoutez à cet

endroit dans la seconde édition, les mettent à couvert désormais de toute censure.

Je vais encore, Monsieur, vous faire part de quelques autres objections qu'un de mes amis, homme d'ailleurs très sensé, me proposa dernierement au sujet de votre Poëme. Vous jugez bien que je sçus répondre à tout comme il faut. Dispensez-moi cependant de vous dire ici ce que je lui répondis. Peut-être que mes réponses perdroient leur force sur le papier. Quoiqu'il en soit, voici à peu près les objections, autant qu'il m'en souvient.

M. de Voltaire, disoit-il, imagine au huitiéme chant que la Discorde va trouver l'Amour pour l'engager à soumettre le cœur de Henri. Le critique avoüoit que la fiction étoit très ingénieuse; mais il prétendoit qu'il étoit impertinent que la Discorde traitât l'Amour de frere.

Mon frere, lui dit-elle, où sont tes traits terribles ?

La Discorde, ajoutoit-il, détruit l'Amour: l'Amour détruit la Discorde, ils sont donc essentiellement ennemis. C'est l'Amour qui unit les cœurs, c'est la Discorde qui les sépare. Peut-on supposer raisonnablement qu'ils ont l'un & l'autre le même principe immédiat ? La Discorde sert quelquefois l'Amour, & quelquefois l'Amour produit la Discorde. Mais cela ne signifie autre chose, sinon que l'un s'éleve sur les ruines de l'autre; c'est dans ce sens-là que la haine produit l'amour & que l'amour produit la haine. Ne seroit-il pas plaisant que pour cette raison l'amour & la haine se traitassent de frere & de sœur ? J'aimerois autant qu'ils se traitassent tour à tour de pere & de mere. Il concluoit de là qu'il est ridicule d'imaginer que la Discorde ait pû s'adresser à l'Amour comme à son frere. D'un autre côté l'Amour ne

B 2

sçauroit servir la Discorde en cette occasion, sans se préjudicier à lui-même. C'est dans la Paix qu'il fait mieux ses affaires. L'oisiveté & le repos étendent son empire, & il devoit souhaiter par cette raison que la Guerre civile finît bientôt. O! que l'amour est aveugle!

M. de Voltaire, me disoit-il encore, est très louable de n'avoir emploié dans son Poëme ni les Dieux ni les Déesses du Paganisme, & de s'être renfermé dans le systeme de la Religion Chrétienne. Il n'a point donné dans les excès monstrueux des Poëtes Italiens, qui par des fictions indécentes font agir sans cesse la Vierge, les Apôtres & tous les Saints, font battre les Anges avec les Diables & mettent en jeu les trois personnes de la Trinité. M. de Voltaire a respecté les verités de notre Religion; c'est dommage que dans la description admirable du Palais de l'Amour il l'ait représenté comme une Divinité, & lui ait même donné le nom de *Dieu*. Il est donc rentré, sans y penser, dans le systême du Paganisme, dont il s'étoit préservé jusques-là, & par un mélange impur il a uni ensemble la vérité & le mensonge.

Il faut avoüer, Monsieur, qu'il est bien difficile de composer un beau Poëme, quand un Heros Chrétien en est le sujet. Le systême du Christianisme ne fournit point à la Poësie. Celui du Paganisme est plus fécond, & sert bien mieux l'imagination du Poëte. Aussi je crois qu'il est ridicule d'exiger qu'un Poëme dont le Heros est Chrétien, soit du même goût que l'Iliade ou l'Enéide; c'est une autre espece de Poëme qu'il est bon d'établir, comme vous avez fait, & qui dans son genre peut mériter des éloges comme les Poëmes des Anciens.

Je trouve, disoit encore mon Ami, une contradiction sensible dans l'ouvrage de M. de Voltaire au sujet de la Cour de Rome. D'un côté il la réprésente avec des couleurs affreuses; c'est un autre Maimbourg, un autre Mezerai. Mais d'un autre côté c'est un vrai Ultramontain qui nous représente le Pape comme infaillible dans ses décisions; car que signifient les deux Vers suivans?

C'est de là que le Dieu qui pour nous voulut naître,
S'explique aux Nations par la voix du Grand Prêtre.

Si Dieu parle par la bouche du Pape, le Pape rend des Oracles certains. Il est donc infaillible. Je répondis à mon Ami que vous ne parliez ici qu'en général; & il est vrai qu'en général le Pape ne se trompe point, quoiqu'il puisse se tromper quelquefois. Je vous rapporte cette réponse, Monsieur, parce qu'elle me paroît excellente. D'ailleurs vous avez dit assez de mal de la Cour de Rome, pour être comme obligé de lui dire ensuite quelque douceur. C'est ce que vous avez fait dans ces deux Vers qui seront peut-être un jour cités, comme une autorité, par les défenseurs de l'infaillibilité Papale.

Le même Critique prétendoit que votre Poëme étoit extrêmement négligé sur la fin. La conversion de Henri, disoit-il, n'est point préparée. C'est l'effet promt & subit de l'intercession de S. Loüis. Ce grand évenement ne demandoit il pas d'être plus amené, plus circonstancié, plus orné? La réduction de Paris & la soumission des Ligueurs devoit être moins foiblement exprimée.

L'Auteur par le secours de cette belle imagination qu'il a reçû du Ciel en partage, devoit peindre l'entrée triomphante de Henri le Grand dans sa Capitale; le peuple de cette Ville rebelle le recevant les larmes aux yeux & le repentir dans le cœur; les Seize confondus, consternés & obligés de prendre la fuite pour éviter le supplice; tous les Seigneurs de la Ligue venant implorer la clémence du Roi, & sur tout le Duc de Mayenne. Il est vrai que, selon l'histoire, la paix générale ne suivit pas immédiatement la réduction de Paris; mais le parachronisme est permis aux Poëtes, & d'ailleurs l'intervalle ne fut pas long.

Je ne puis me souvenir, Monsieur, de plusieurs objections qu'il me fit encore sur votre Poëme, qu'il trouvoit d'ailleurs excellent en son genre; il m'avoüa qu'il vous regardoit comme le prémier Poëte de notre siécle, sans même en excepter le célébre Rousseau & à plus forte raison M. D. L. M.

Nous parcourûmes ensemble tout le Poëme. Il m'y fit remarquer plusieurs expressions vicieuses que je tâchai de justifier, & je vous assure que ce ne fut pas toûjours aisément.

Nous commençâmes ensuite à lire ensemble le recüeil de vos Poësies qui est à la fin du Poëme dans la seconde Edition. Nous fimes l'un & l'autre de fort bonnes réflexions sur votre Ode présentée à l'Académie pour le prix de 1714. Nous envoyâmes chercher chez Coignard le recüeil des Pieces de cette année, & nous y trouvâmes la Piece de l'Abbé du Jarry, qui avoit été couronnée au préjudice de la vôtre. Nous rîmes beaucoup des *Pôles brulans*, & de cent autres impertinences qui sont dans cette Piece qui avoit été préferée à votre Ode. Nous nous rappellâmes les écrits qui depuis ce tems-là ont trouvé grace au même Tribunal. Mon Ami me dit qu'en 1718. l'Abbé Colin & Gacon avoient été couronnés ensemble, le premier pour un Discours, & le second pour une Piece de Vers. Gacon, bon Dieu! m'écriai-je alors. Oüi Gacon, me dit-il, & il me récita alors une Epigramme à ce sujet tirée du Vers de Virgile

Qui Bavium non odit, amet tua carmina, Mœvi.

L'Académie en corps a couronné, dit-on,
Le Poëte sans fard; toute la ville en glose.
   Pour moi j'en trouve la raison,
    Colin, qui ne hait pas ta Prose,
  Doit aimer les Vers de Gacon.

Rien n'est donc plus vrai, lui dis-je alors, que ce que nous lisons ici (*faut-il s'étonner que ceux qui ont du talent pour les Vers, ne veüillent plus composer pour les prix de l'Académie?*) Cette note est hardie, mais elle est vraie. Eh quoi, me répliqua mon Ami en soûriant un peu, S. Didier, la Visclede n'ont-ils pas eu depuis les mêmes honneurs que Gacon? Le prémier est un Poëte du prémier ordre: il travaille au Poëme de Clovis. Le second a fait inférer dans le Mercure une infinité de Pieces à sa loüange sur ce qu'il a remporté un prix qui ne se donne qu'à un mérite rare. Je le pris sur le même ton. Je l'avoüe, lui répliquai-je, M. de S. Didier est un grand Poëte; il a fait le voyage du Parnasse, & en a donné au Public la relation en Prose & en Vers. Mais on a trouvé que son *voyage* ressembloit à celui de *Paul Lucas* qui a le talent de parler de ce qu'il n'a jamais vû, ou de ce qu'il n'a vû que de fort loin. Pour M. de la Visclede, c'est un si grand Poëte, qu'à moins que Gacon ou S. Didier ne s'y opposent, il remportera toûjours les prix de l'Académie. Je ne conseillerois pas à de meilleurs Poëtes de vouloir le lui disputer. Ils succomberoient infailliblement devant le tribunal de ces Juges éclairés.

Que dites-vous, interrompit mon ami, de la Piece qui suit ? C'est l'*Epitre au Maréchal de Villars*. J'aime fort ce genre de Poësie, lui répondis-je ; ce sont là des vers dans le stile des Epitres d'Horace *sermoni propiora*. On n'y sent point la contrainte de la versification. Ces rimes un peu négligées, & cet air de liberté, qui regne dans les expressions & dans le tour du vers, sont la source d'un plaisir naturel, parce qu'il semble que la nature seule y a mis la main. Il faut néanmoins beaucoup d'art & d'esprit pour réussir dans ces piéces, répliqua-t-il. Rien n'est plus coulant que les Poësies du P. D. C. mais en même tems rien de plus insipide, vous y trouvez cent répetitions, un verbiage ennuïeux, un stile rempant, & aucune élégance : car il faut mettre de la différence entre le stile lâche & le stile aisé, entre le naturel & le plat. Le P. D. C. n'a point de noblesse dans les idées, c'est un familier presque toûjours bas. Je ne nie pas cependant que cet Auteur n'ait de l'esprit & une imagination quelquefois assez heureuse. Mais quoiqu'il se donne pour un Imitateur de Marot & de la Fontaine, il est certain qu'il n'a point du tout attrapé le stile de ces deux Poëtes. Je ne suis pas entierement de votre avis, lui répondis-je, au sujet des Poësies de ce J. Je conviens que son stile n'est aucunement Marotique ; mais, si vous exceptez quelques pieces miférables qui lui sont échapées, & qu'il a eu la foiblesse de laisser imprimer, comme *les Patez, les Pincettes, les Tisons, le Messager du Mans*, je trouve qu'il y a assez de genie, de fertilité & d'agrément dans la plûpart de ses autres Ouvrages. Mais laissons-là ce Poëte, & revenons au nôtre. Remarquez-vous qu'à la fin de cette Epitre, il s'engage à faire un Poëme Epique sur le Maréchal de Villars ?

Et

Et sans doute qu'un jour Minerve
Votre Compagne & mon apui,
Après que ma boüillante verve
Aura chanté le Grand Henri,
Me fera vous chanter aussi.

Les Promesses Poëtiques, me repondit-il, ne sont pas des billets à ordre. Quoique le sujet soit beau & fécond, je ne crois pas que M. de Voltaire habille jamais le Maréchal de Villars en Poëme épique. Qu'il perfectionne le Poëme de Henri le Grand, c'est de quoi l'occuper le reste de sa vie.

Nous étions en train de raisonner sur toutes les autres pieces du *Recüeil*, & nous avions dit mille choses au sujet de l'*Epitre à Mademoiselle du Clos*, du *fragment d'Artemire*, du *Parnasse*, &c. lorsque nous fûmes obligez de nous séparer. Je résolus alors de vous faire part de notre conversation, persuadé que vous aimez qu'on vous raporte tout ce qu'on pense de vos Ouvrages. Vous trouvez toûjours votre compte à ces raports; car on vous loüe, Monsieur, beaucoup plus qu'on ne vous critique.

Je vais vous dire naturellement ce que l'on pense de la Piéce intitulée *le Parnasse*. On dit que vous ou votre Editeur la deviez supprimer; elle est très ingénieuse & très bien écrite, & cependant on vous la reproche. On se souvient que M. de la Motte vous a donné autrefois un magnifique éloge dans l'*Approbation* de votre *Oedipe*; il vous y a appellé *le digne successeur de Corneille & de Racine*. Quelle reconnoissance de votre part! vous placez votre Panégyriste au milieu de ces petits esprits qui demeurent au bas du Parnasse *non loin du lac*;

C

Adonc, ami, si quand ferez voïage,
Vous abordez la poëtique plage,
Et que la M. aïez désir de voir,
Retenez bien qu'Illec est son manoir.

Vous représentez M. D. L. M. comme le cher ami de tous les mauvais Auteurs & comme l'admirateur de tous les mauvais vers. Vous oubliez donc qu'il fait cas de vos Ouvrages, & qu'il vous regarde après lui comme le meilleur Poëte du siécle. Il est vrai qu'après les mauvais succès d'*Artemire* & de *Mariamne*; il s'est dédit, & s'est réservé pour lui seul un éloge, qu'il avoit bien voulu partager autrefois avec vous; car vous ne doutez pas, que vû le brillant succès de ses trois Tragédies, il n'ait lieu de se regarder lui-même comme un *digne successeur de Corneille & de Racine*, & qu'en effet il ne se regarde seul comme tel. Les jugemens du Public sur ces Tragédies imprimées ne l'ont point ébranlé. Le Public est inconstant; mais M. D. L. M. ne change point, & il pense toûjours sur ses Ouvrages, comme il a toûjours pensé.

Ainsi, Monsieur, ce qui justifie votre satyre contre M. D. L. M. ne peut être aujourd'hui que son dédit. Il ne vous regarde plus comme le *digne successeur de Corneille & de Racine*. Il ne retrouve pas même en vous l'Auteur d'Oedipe. Cela supposé vous ne lui devez plus rien, & vous êtes entierement quitte de l'éloge qu'il vous a autrefois donné. A l'égard du portrait que vous faites de lui, il n'est pas à la verité parfaitement d'après nature, il a cependant un peu de son air.

Celui qui vous adresse cette Apologie, Monsieur, est l'Auteur de la Comédie du *Nouveau Monde*. Vous voïez que je ne me déguise point pour vous. Je sçais que vous n'avez pas fait beaucoup de cas de cet Ouvrage; mais les sentimens sont libres, & je ne vous en sçai point mauvais gré, d'ailleurs je ne suis point de ces Auteurs que les suffrages précipitez du Public préviennent extraordinairement en leur faveur. Si ma piéce n'a pas été aussi goûtée à l'Impression qu'elle l'avoit été au Théatre, ce revers est assez ordinaire aux Auteurs Dramatiques. J'ai devant les yeux des exemples qui me consolent. Pour vous, Monsieur, vous ne devez point redouter l'impression. Votre *Mariamne* qu'on doit imprimer, à ce que j'aprens, n'éprouvera point de revers; & pour me servir des termes ingénieux de M. D. L. M. ci-devant votre Approbateur, le Public, *à la lecture* de Mariamne, *ne rabattera rien des esperances qu'il a conçuës* à la prémiere & derniere *Représentation* de cette piéce. Puissiez-vous nous donner un jour *Artemire* pour vous vanger encore mieux du Parterre, & vous mettre en état de juger s'il a commis à votre égard une double injustice; car plusieurs prétendent qu'il n'en a commis qu'une, & que dans *Mariamne* il n'a condamné qu'*Artemire*.

Voyez l'Approbation d'Oedipe.

www.ingramcontent.com/pod-product-compliance
Lightning Source LLC
Chambersburg PA
CBHW060639050426
42451CB00012B/2669